DIREÇÃO:
Jiba Bruin

AUTORA:
Anne Carolina de Souza

REVISÃO:
Mariana Paixão

PROJETO GRÁFICO:
Andiara Corcioli

ILUSTRAÇÃO:
Claudiney Almeida

BOM BOM book's editora

COM SEIS ANOS DE IDADE, CLARISSA JÁ ERA UMA BAILARINA MUITO TALENTOSA. SEUS CABELOS, PRETOS E LISOS, CORTADOS NA ALTURA DAS ORELHAS, DAVAM A ELA UM ROSTO DE BONECA. AINDA COM SUA ROUPA DE BALÉ, A PEQUENA ABRIU A PORTA DE CASA E SUBIU AS ESCADAS COMO UM FOGUETE, ATROPELANDO SUA MÃE, RUMO AO SEU QUARTO.

ANSIOSA PELA APRESENTAÇÃO DO DIA SEGUINTE, A MENINA QUERIA IR DIRETO PARA A CAMA. ASSIM, O GRANDE DIA CHEGARIA MAIS RÁPIDO!

— CLARISSA, JÁ PARA O CHUVEIRO! E NÃO SE ESQUEÇA DE ESCOVAR BEM OS DENTES — GRITOU A MÃE AINDA LÁ DE BAIXO.

CONTRARIADA, CLARISSA FOI PARA O BANHEIRO. AGORA QUE HAVIA CONSEGUIDO CONVENCER A MÃE A DEIXÁ-LA TOMAR BANHO E ESCOVAR OS DENTES SOZINHA, A MENINA SE APROVEITAVA DA SUA CONFIANÇA PARA ENGANÁ-LA.

— NÃO VOU ESCOVAR OS DENTES. SÓ VOU LAVÁ-LOS COM UM POUCO DE ÁGUA E A MAMÃE NEM VAI PERCEBER!

- PRONTA PARA DORMIR? TOMOU BANHO DIREITO? ESCOVOU OS DENTES? DEIXE-ME CONFERIR SE ESTÁ TUDO LIMPO...

- NÃO PRECISA CONFERIR. EU JÁ SOU GRANDE E POSSO ME CUIDAR SOZINHA.

DIZENDO ISSO, CLARISSA CORREU DE VOLTA PARA O QUARTO E A MÃE, ACHANDO GRAÇA, FOI ATRÁS DA FILHA. COM UM BEIJO NA TESTA, A MENINA FECHOU OS OLHOS E ADORMECEU.

E, NAQUELA NOITE, ELA SONHOU COM A APRESENTAÇÃO DO DIA SEGUINTE. FORAM TANTOS DIAS DE ENSAIO, TANTO ESFORÇO, QUE NADA PODERIA DAR ERRADO. CLARISSA TINHA MUITO TALENTO E SABIA DISSO.

ÀS OITO HORAS EM PONTO, ELA ABRIU OS OLHOS. SÓ QUE ALGO NÃO ESTAVA BEM. UMA PONTADA FORTE DE DOR DENTRO DA BOCA E...
— MANHÊ!
ASSUSTADA COM O ESCÂNDALO DA FILHA, A MÃE ENTROU CORRENDO NO QUARTO.

- É, CLARISSA, ACHO QUE TEMOS UM PROBLEMÃO - DISSE A MÃE, OLHANDO ATENTAMENTE PARA DENTRO DA BOCA DA MENINA.

MESMO COM AQUELA DOR INSUPORTÁVEL, CLARISSA NÃO QUERIA IR AO DENTISTA. ELA NÃO PODERIA PERDER A TÃO SONHADA APRESENTAÇÃO DE BALÉ! MAS, QUANDO OLHOU PARA O ESPELHO, NÃO TEVE JEITO: COMEÇOU A CHORAR AO VER QUE SUA BOCA ESTAVA INCHADA E NADA BONITA.

NO CAMINHO PARA O DENTISTA, AINDA COM DOR, A MENINA SÓ CONSEGUIA PENSAR NA APRESENTAÇÃO DE BALÉ. TODO O ESFORÇO, TODOS OS ENSAIOS, TUDO FORA PERDIDO PORQUE CLARISSA SE ACHAVA ESPERTA DEMAIS ENGANANDO SUA MÃE.

— É PRECISO ESCOVAR BEM OS DENTES SEMPRE QUE TERMINAR UMA REFEIÇÃO. QUANDO VOCÊ NÃO OS ESCOVA DA FORMA CORRETA, OS RESTOS DA COMIDA E DA BEBIDA QUE VOCÊ INGERIU E QUE ESTÃO NOS SEUS DENTES SERVEM DE ALIMENTO PARA AS BACTÉRIAS RESPONSÁVEIS PELAS CÁRIES — EXPLICAVA A DOUTORA ANNA À MENINA AO MESMO TEMPO EM QUE MOSTRAVA O RAIO-X DO DENTE CARIADO DE CLARISSA.

SEM PODER RECLAMAR DIREITO POR CAUSA DA BOCA ANESTESIADA, CLARISSA APENAS BALANÇOU A CABEÇA, COMO SE QUISESSE DIZER QUE HAVIA APRENDIDO A LIÇÃO.

— E NÃO PODEMOS NOS ESQUECER DISTO AQUI: O FIO DENTAL! — COMPLETOU A DENTISTA AO MESMO TEMPO EM QUE DAVA DE PRESENTE PARA A MENINA UMA ESCOVA, UM TUBO DE PASTA DE DENTE SABOR MORANGO E UMA CAIXINHA DE FIO DENTAL.

LOGO OS DIAS SE PASSARAM E CLARISSA JÁ ESTAVA PREPARADA PARA UMA NOVA APRESENTAÇÃO DE BALÉ COM MOVIMENTOS PERFEITOS, A PEQUENA ENCANTOU O PÚBLICO, QUE A APLAUDIU DE PÉ.

AO VER QUE SUA MÃE ESTAVA SENTADA NA PRIMEIRA FILA, CLARISSA ABRIU UM SORRISO ENORME. SÓ QUE TINHA ALGO DIFERENTE NELE: CLARISSA ESTAVA SEM OS DOIS DENTES DA FRENTE!

MAS LOGO NASCERIAM DOIS NOVOS DENTES NO LUGAR DAQUELES "DENTINHOS DE LEITE" QUE ELA HAVIA PERDIDO.

CLARISSA APRENDEU A LIÇÃO E, ESCOVANDO OS DENTES MUITO BEM, A MENINA CONQUISTOU UM DOS SORRISOS MAIS LINDOS DO MUNDO.